딸아, 딸아 내 딸아

딸아, 딸아 내 딸아

시산맥 시혼 052

초판 1쇄 인쇄 | 2025년 5월 14일
초판 1쇄 발행 | 2025년 5월 20일

지은이 조옥엽
펴낸이 문정영
펴낸곳 시산맥사
편집주간 김필영
편집위원 최연수 박민서
등록번호 제300-2013-12호
등록일자 2009년 4월 15일
주소 03131 서울특별시 종로구 율곡로 6길 36. 월드오피스텔 1102호
전화 02-764-8722, 010-8894-8722
전자우편 poemmtss@naver.com
시산맥카페 http://cafe.daum.net/poemmtss

ISBN 979-11-6243-585-4 03810 (종이책)
ISBN 979-11-6243-586-1 05810 (전자책)

값 12,000원

* 이 책은 전라남도, (재)전라남도문화재단의 후원을 받아 발간되었습니다.
* 이 책은 전부 또는 일부 내용을 재사용하려면 반드시 저작권자와 시산맥사의 동의를 받아야 합니다.
* 이 책은 교보문고와 연계하여 전자북으로 발간되었습니다.
* 본문 페이지에서 한 연이 첫 번째 행에서 시작될 때에는 〈 표기를 합니다.
* 저자의 의도에 따라 작품의 보조 동사와 합성 명사는 띄어쓰기가 달라질 수 있습니다.

딸아, 딸아 내 딸아

조옥엽 시집

| 시인의 말 |

정지된 듯한

흐름 속에 놓여 있는

무수한 생명들

영원히 머물 수 없기에

아름답고 슬픈

그리하여 우리의 이야기는 계속되리니

2025년 4월 조옥엽

■ 차례

1부

하얀 리본	19
꽃씨를 심듯이	20
실종	22
작은 집	24
어른어른	26
야생마	28
너에게 쓰는 편지	30
구름다리 양복점	32
급습	34
食	36
포스트잇	38
지나간 날의 서사	40
광고판	42
무우전	44
고난도 방정식	46

2부

붕어빵　　　　　　　　　51
지우개　　　　　　　　　52
백발백중 문제집　　　　　54
장미유치원　　　　　　　56
오늘 같은 날　　　　　　58
선암사 와불　　　　　　　60
제삿날　　　　　　　　　62
나만의 방　　　　　　　　64
길　　　　　　　　　　　66
아이러니　　　　　　　　68
달려오는 남자　　　　　　69
박새　　　　　　　　　　70
수오당　　　　　　　　　72
향긋한 미소　　　　　　　74
바람 부는 날에는　　　　　76

3부

집 한 채	81
선암사 승선교	82
추운 날엔	84
콩나물	86
봄, 소풍	88
잔디 자연장	90
딸아, 딸아 내 딸아	92
정초의 기분	94
두 사람	96
만개	98
간밤의 왈츠	100
목소리	101
약력	102
비밀 품은 돌멩이	104
능소화	106

4부

완성된 슬픔	111
그날	112
검정	114
시소 타기	116
그날 이후	118
삐악삐악	120
파도	122
요양원	124
숨바꼭질	126
징검다리	128
응시	130
무희	132
분홍	134
빙글빙글 뱅글뱅글	136
여인초	138

해설 | 문정영(시인)
삶과 죽음의 경계에 늘 서 있는 우리들   141

1부

하얀 리본

수풀 수북한 곳에
누가 던져놓고 갔을까
리본만 남은 꽃다발 하나
무덤인지 풀밭인지 분간이
안 가는 사자의 집
아무리 시간이 흐른다 해도
치유 불가능한 상처처럼
무너져 가는 지붕 위의
피처럼 흐르는 붉은 흙
가버린 마음에 꽃다발 하나
던져놓고 쓰러져 울던 이는
어디로 갔을까
시간이 사람을 지워도
지워지지 않는 마음
삭제할 수 없는 얼굴
가버린 이를 쳐내지 못한
마음은 어디로 가야 하나
머물 곳 찾지 못해 헤매다가
던져놓은 슬픔 한 덩어리가
풀숲에 숨죽인 채 흐느끼고 있다

꽃씨를 심듯이

휘몰아치는 북풍에 가랑잎이
새 떼처럼 날아다니는 이월 중순
언덕바지에 구덩이를 파고 너를 심으려 한다
꽃씨를 심듯이 너를 꾹꾹 눌러 심으려 한다
이제 하나의 사물이 되어버린 너
연필이 되고 지우개가 되어버린 너를
함함한 털 위로 떨어지는 붉은 흙들
연연한 다리를 오그려 넣고
반쯤 뜬 눈을 쓰다듬어 감기고
평소 네가 입었던 옷가지를 덮어준다
춥지 말라고 추워서 감기 들면 안 된다고
금방이라도 소스라치게 놀라 비명을 지르며
뛰쳐나올 것만 같은 너
그러나 지구가 쪼개진다 해도 다시는 볼 수 없을
목소리만 듣고도 내 기분을 알아차리고
초롱초롱한 총기 대변하듯 머루알 같은 눈
데굴데굴 굴리며 내 혼을 사로잡던
강아지란 이름으로 내게 온
너는 이제 세상에 없다
너를 사랑한 나도 이제는 없다

어제는 가고 영원히 계속되는
오늘이 있을 뿐이니까
네가 없는 세상에 내가 이렇게 숨 쉬고 있다는
사실이 믿어지지 않지만 나 또한
언젠가는 너처럼 굳어져 땅속에 묻힐 것이다
꽃씨를 심듯 너를 심고 자근자근 밟는다
언젠가 연둣빛 새순으로 돋아나길 간절히 빌고 또 빌며

실종

그녀가 행방불명되었다.
방망이질하는 가슴을 억누르며
주변을 샅샅이 헤집고 다닌다.
날은 춥고 땅거미는 몰려오는데
어디로 사라진 것일까?
온갖 불길한 생각이 거머리처럼
날 물고 늘어지며 주변에서 오갔던
불길한 얘기들이 녹음기처럼
끊임없이 뇌리에서 재생된다.
아무것도 필요치 않았다.
아무것도 보이지 않았다.
평소 날 힘들게 한다고 생각했던
그녀만이 가장 그립고 보고 싶고
절대적으로 필요한 사람이 되었다.
갔던 길을 또 가보고 식구들
총동원령을 내렸지만 감감무소식
책임을 다하지 못했다는
죄책감은 어둠과 발을 맞춰
으르렁거리며 달려들고
어제와 다름없는 거리의 평온함이

더욱더 나를 쥐어짜는데
어디로 가야 좋을지
하늘을 보고 묻는 이 저녁이
지나온 생처럼 길고 어둡기만 하다.

작은 집

봄이 오는 산자락에 옷 벗은 옻나무들이 서 있다
무슨 죄짓고 벌 받는 사람들처럼
비탈길에 실긋실긋 기울어진 채 버티고 있다
옹색한 그 가지에 비누갑처럼 작고 어설픈
비가 오면 줄줄 새버릴
바람 불면 통째로 휙, 날아가 버릴 듯한
위태로운 집 하나 걸려 있다
저도 머리를 쓰느라 썼는지 노란 리본을
가지에 동여매 단단히 고정해 놓았으나
불안해 보이기는 마찬가지
그런데 겨울을 났구나
무사히 추위와 바람을 피해 살아남았구나
꽃송이보다 더 가벼운 집을 카메라에 담는다
가슴에 꾹꾹 눌러 심는다
어떤 풍경은 아름다워서 어떤 정경은
애처로워서 우리의 발길을 붙잡는다
얼마나 작은 새가 저토록 가볍고 작은 집에
몸을 부리고 한겨울을 났을지
얼마나 작은 알들이 그 속에서
오돌오돌 떨며 봄이 오기를 기다렸을지

알콩달콩한 이야기를 확인하고 싶지만
남겨두기로 하고 그만 돌아선다
생명이란 아름답고 슬프고 한없이 가엾어
쿵쿵 가슴을 내려앉게도 하고 하늘 높이
끌어올리기도 한다는 사실에
아려오는 가슴 쓸어내리며

어른어른

우리는 간간이 실수를 저지르며 살아간다
본인의 뜻에 의한다기보다는 대부분
자신을 다스리지 못하는 미숙함에서 비롯된다
사람이 나이 들어간다는 것은
그동안 저질렀던 수많은 잘잘못을 되돌아보고
그 어리석음에 자리를 내주지 않으려는
지난한 자각의 과정이라고 할 수도 있으리라
그러나 살다 보면 자신도 모르게
실수를 범하고 잠 못 이루는 밤을 맞는 일이 허다하다
그러기에 사람이라고 말들 하지만
결과는 늘 자신의 몫, 늘그막에 젊은
사람들과 함께한다는 것은
쓸쓸한 노년을 다독이는 비결 중 하나일 터
나이 지긋하신 어르신이 요즈음
뵈지 않아 소식을 물으니 그렇게
소동을 피우고 어찌 다시 나올 수 있겠냐고 일축해 버린다
출근하듯이 날마다 찾아오시던 곳
지금쯤 그분도 회한 속에서
이곳의 정경을 떠올리고 있으리라
생각하니 마음이 흔들린다

마땅히 갈 곳도 없고 챙겨주는 이도 없어
갈수록 헐렁해지는 존재감을 만회하려
애를 쓰다가 순간의 분노에 휘말려 버린 노인이
자꾸만 눈앞에 어른거리는 아침
길모퉁이로 자꾸만 눈이 달려가고 있다

야생마

연일 쏟아지는 폭우가 몰고 온
성난 야생마들이 천변을 점령
미친 듯 갈기를 휘날리며
왕방울 눈 이리 번뜩 저리 번뜩
사방으로 번뜩이며
펄쩍 솟구쳤다가 맥없이
떨어져 낱낱이 부서졌다가
굉음을 터트리며 날쌔게
날아올랐다 털썩 주저앉았다가
다시 입에 거품을 물고
끓어오르며 요동치는 격동의 현장
인간의 셈법을 초월해 끝없이
이어지는 거칠고 사나운 야생마들의 질주
그들의 등에 업힌 분노와 울분이
때를 만난 듯 덩달아 허공을 덥석 깨물었다가
몸통을 비틀었다 풀었다
돌진하는 광란의 도가니
모든 게 일시에 초토화되고
파죽지세의 굉음에 놀라 뛰쳐나온 사람들

왕방울 눈 치뜨고 겁에 질린 채
헤, 입을 벌리고 새근발딱새근발딱

너에게 쓰는 편지

가버린 날들은 모두 봄날이었다는 말

귀 밖으로 흘려들으며 살았다 복잡한 도시의 한복판에서 내가 나를 놓아버린 순간을 믿고 싶지 않았지만, 어렵사리 눈을 떴을 때 이미 어제의 나는 없었고

근심의 강물에 얼굴을 담근 네가 오늘의 나를 확인시켜 줄 뿐이었다 나뭇가지처럼 사지가 굳어버린 나는 이미 사람이 아니었으나 더욱더 사람이고 싶은 날들이 계속되고 그럴수록 행복하지도 그렇다고 불행했다고도 할 수 없는

바람의 애무를 받으며 가로수 길을 걷던

평범한 날의 자투리 여유가 사무치게 그리워지는 것이었다 너는 나를 살리려 기를 쓰며 너의 모든 걸 걸고 나는 내가 날마다 다른 방향으로 치솟는 절벽인 것을 알고 있기에 그럴수록 애먼 길로 빠져나가려 용을 쓰는 지옥 같은 날이 이어지고

네 몸피의 두세 배는 되는 날 욕조에 넣고 낑낑대는 너의 콧등에 맺힌 땀과 상기된 얼굴을 곁눈으로 훔쳐보며 이제는 거

두어들였으리 어림짐작했던 지난밤의 희망은 오늘도 물거품으로 돌아가고

 나는 네가 하는 일들이 어쩌면 이생에서 너와 나 사이에 낀 묵은 때를 지우고 다시 곱게 피어나고 싶다는 열망일지도 모른다는 생각에 매 순간 욕조에 둥둥 떠다니는 비누 거품처럼 조그맣고 하얀 거품 속으로 숨어들고 싶은 것이다

구름다리 양복점

구도심을 지나가는데
허름한 가게가 나를 붙든다
이름도 근사한 구름다리 양복점
빛바랜 간판과 깨진 유리창이
지나간 시절의 영락과 성쇠를
짐작게 하는데 뭉툭한 녹슨 자물통이
대화를 거부한 채 떡, 버티고 있다
저 문을 드나들던 이들이
한때는 동네에서 잘나가던
멋쟁이 신사들이었을 테고
주인장은 문턱이 닳도록 드나드는
단골손님들을 맞고 배웅하며
신바람이나 콧노래 가락에
피로를 싣고 달렸을 것이다
무슨 완장처럼 귀에 볼펜을 걸치고
줄자를 도르르 풀었다 감았다
치수를 재고 마름질하며 흥겹고
바쁜 시간의 다리에 몸을 걸친 채
세월을 잊은 그와 새 양복을 입고
거울 앞에서 몇 번이고

앞태 뒤태를 비춰보며 무게를 잡던 신사들이
금방이라도 문을 밀고 나올 듯한데
자물통은 결단을 내린 지 오래라며
맘 돌릴 기미를 보이지 않는다

급습

저녁 5시, 그녀가 휠체어와 함께
도착하자 간식을 대령한다
변함없는 왕성한 식욕에
쾌재를 부르며 그녀를 일으켜 세우는데
그만 픽, 쓰러지고 만다
날을 세운 불길함을 내쫓으며
끌다시피 방으로 모셔놓고
돌아서는 순간 헉헉거리는
숨소리가 급박하게 허공을 찢더니
헌 끄나풀인 양 툭 끊어지고 만다
예기치 못한 변고에 삽시간에
혼란에 빠져 짐승처럼 울부짖으며
119를 더듬는 손가락
감당치 못할 절망 구원하듯
구급대원들이 구둣발로 뛰어들고
실낱같은 기대를 싣고 응급차는
피크타임에 파도 타는 도로를
초를 다투며 질주하고 나는 조릿조릿
맘 졸이며 누가 불러온 생이

누구의 명에 의해 함부로 끌려가고 있는지
되물으며 황망함에 사시나무 떨듯 떨고 있다

食

저녁을 챙기다가 한숨 돌리려
뒤란에 드니 우리 집 견공께서
구석에 숨어 뭔가를 맛있게 잡수고 계신다
나와 눈이 마주치자 아차 싶었던지 진동한동
녀석은 냄새로 모든 걸 알아차린다
내가 먹다 둔 과일이라든가
비스킷이 있는 곳을 콕 집어내
주변을 뱅뱅 돌다가 마침내 제 뜻을 이루어 낸다
아마 오늘도 그랬을 것이다
제 키보다 높은 곳에 있는 양배추를
발뒤꿈치를 들고 꼿꼿이 서서
긴 혀를 요리조리 재주껏 돌리고 돌려
마침내 덥석 입에 물고 터져 나오는
환호성 삼키며 안전한 곳으로 숨어들어
맘껏 포식하는 중이었을 것이다
고걸 주둥이에 물고 나 몰래 숨어들 때
녀석의 가슴이 얼마나 뛰었을지
얼마나 기뻐 소리를 지르고 싶었을지 생각하니
가엾고 안쓰러워 아무것도 못 본 척 슬쩍 돌아 나온다
이제는 가버리고 없는 녀석

두 번 다시 만날 수 없는 녀석이
먹고 싶어 그리도 갈구하던 음식을
오래오래 같이 살고 싶은 마음에 제한했던 일들이
새삼스레 가슴을 후벼파는 저녁
창밖엔 바람이 신발을 벗어 던진 채
어디론가 급히 달려가고 있다

포스트잇

주말 지난 아파트 분리수거장에
책들이 수북이 쌓여 있다
동화책에서 잡지 교과서 소설에 이르기까지
종류도 다양한데 그중 몸피 큰
전문 서적이 날 붙든다
두꺼운 책장 갈피마다 색색의 포스트잇이
휘날리는 깃발처럼 붙어 있다
멋진 세상으로 훨훨 날아가고 싶어
읽다가 밑줄을 주르르 긋고
그래도 안심이 안 돼
가장자리에 붙여 두고
또 몇 장 넘기다가 여기야 여기
자신을 다그치듯 붙여 두었을 메모지들
책이 알록달록한 색종이들의 놀이판이 되었다
그래, 저건 책이 아니야
치열했던 정신의 증표야
이제 유효기간이 지나버린
두툼한 책을 보며
누구인지 모를 그 사람이
지금쯤 가고 싶었던 그 나라에 도착

새로운 세계를 향한 발돋움으로
한껏 부풀어 있길 간절히 빌어 본다

지나간 날의 서사

지나간 날은 죽지 않아
아마도 죽을 수가 없나 봐

고향집에 오 남매가 모인 겨울밤
호주머니에서 줄줄 삐져나오는 엄마의 이야기보따리를 따라간다

아버지 여자가 집에 다녀간 뒤
엄마는 나와 동생을 데리고
울며불며 저수지를 찾아갔는데

죽을 수밖에 없다고
죽음을 찾아갔는데

출렁이는 시퍼런 지옥으로 어린것들을 밀어 넣자니
눈물 콧물 주렁주렁 매달고
공포에 질려 바들바들 떠는 어린것들이
불쌍해 너무나 불쌍해

울면서 돌아올 수밖에 없었다는 옛이야기를 들으며

엄마는 어제 일인 듯 다시 눈물을 쏟고
가만히 앉아 귀 기울이던 아버지는 당신도 뭣 했던지
말없이 뜨거워진 눈시울을 돌리고

그날 죽지 않고 살아난 우리는 벌써
60년을 살고 지고

겨울밤은 무신 날보다 더 고요히 고요히 깊어만 가고

광고판

우악스러운 손아귀에 모가지 잡혀
발버둥 치며 끌려가는 암탉처럼
들이대는 굴착기 번뜩이는 삽날에
쫓겨가는 이들의 울부짖음이 귀에 쟁쟁한데
어떤 말은 참 역설적이지
희망찬 철거 전문업체
무허가구조물 무허가주택 완벽 해결
어떤 이들에게는 연둣빛 희망이
어떤 이에게는 절망의 신호탄이자
끔찍한 고뇌가 되고 마는
'희망찬 철거전문업체 초록'
얼핏 달리는 자동차 창문으로 보이는
광고판에 울며불며 쫓겨난
사람들 모습이 겹쳐 지면서
세상은 살 만한 곳인가
부러진 다리 일으켜 세우고 절뚝절뚝
어떻게든 걸어가야 하는 곳인가
자꾸만 되묻고 있는데
영혼 없는 자동차는 질주를 거듭하고
7월의 산야는 희망찬 철거전문업체

초록을 주둥이에 달고
희망찬 날의 절정을 향해 달려가고 있다

무우전

흘깃흘깃 눈요기만 하고
돌아서야 했던 곳에
근사한 푯말이 붙으면서 대문이 활짝 열렸다
마당에 들어서니
저만치 댓돌 위에 남자 고무신 두 켤레가
주인의 정한 마음 대변하듯
차렷 자세로 놓여 있다
마당 한쪽엔 생김새도 다양한 바위들이
드문드문 터를 잡고 앉아
오후의 햇살을 끌어당겨
언 몸 녹이며 제 안으로 침잠했다
모두가 입을 닫아건 곳
덩달아 나도 함묵, 바위에 앉아 고요를 만든다
근심이 앉아 무를 탐하는 無憂殿
뒷산엔 바람의 큰손이
숲의 근심을 죄다 걷어 가버렸는지
열반에 든 알몸들 눈부시고
이따금 한겨울을 지나는 내공 깊은
산의 함성이 우우우 땅을 울린다
열릴 줄 모르는 방문처럼

방문객 하나 없는 적막한 집 한 채
은행나무만 하늘 향해 올린 기도
거두어들이지 못하고 있다

고난도 방정식

한동안 바람을 채워두었던 입술들이
서서히 열리면서 볼들이 홀쭉해지기 시작한다
먼나무 열매가 새까맣게 얼어붙은 커피숍
여인들이 주머니에서 서서히
색색의 풍선을 꺼내 탁자에 올려놓는다
찻잔이 홀랑홀랑해질수록 질척질척한
생의 파편들이 찻잔 속으로
퐁당퐁당 뛰어들고 가정이라는
비밀 항아리에 꼭꼭 숨겨두었던
고난도 수학 문제들이 빈 잔을 채운다
학교에서 배운 덧셈, 뺄셈으로는
도저히 풀어지지 않는
누구도 경험해 보지 못한 생의 방정식 앞에서
쩔쩔맸던 날들이 불쑥불쑥 튀어나와
찻잔 잡은 손목을 결박하는 바람에
빵빵했던 색색의 풍선들이 뇌 질환 환자가
피식피식 침 흘리며 쓰러지듯이
천천히 숨을 뱉어내며 눈가를 훔치고
저마다 천장에 단단히 매달아 두었던
심연의 동아줄이 삭아 내리는 현실 앞에

한숨을 몰아쉬며 커피잔을 홀짝거린다
그렇게 저렇게 흘러갔고 또 맨살에
소금 뿌리듯 씁쓸하게 닥쳐올 날들
창밖 말라붙은 먼나무 열매들이
슬쩍슬쩍 그녀들을 훔쳐보는 오후
짧은 겨울 해가 떨어지고 있다

2부

붕어빵

사람들 북적이는 은행에
붕어빵을 두 손으로 받쳐 든
아이가 엄마와 함께 들어오더니
붕어빵을 향해 말을 건넨다

"미안해, 붕어야"

순간 사람들 시선이 아이에게 쏠리며
모두 싱글벙글 입들이 헤 벌어진다

기계처럼 셈법이 정확한
사람까지 자본의 양으로 평가

귀빈실이라는 근사한 푯말을
보란 듯이 달아 놓고

돈을 임금님 모시듯 모시는
자본주의의 상징인 은행에서

아이의 한마디가 출렁
냉랭한 공기를 대번에 바꾸어 놓는다

지우개

녀석이 쓴 일기장을 넘기지 못하고 있다

마치 말라비틀어진 빈창자를
아무렇게나 떼어 홱, 던져놓은 듯
여기저기 흩어져 있는 상형문자
온 힘을 다해 심중을 토로했을 녀석은
어디로 갔는지 보이지 않는다

어제 타지에 사는 아들이 다녀갔다
세상에 나와 처음으로 마음을 준 아들이
물방울처럼 떨어뜨려 놓고 간 강아지 녀석

오랜만에 다시 만난 주인 곁에
찹쌀떡처럼 착 달라붙어 떨어질 줄 모르더니만
사랑 땜도 하기 전에 증발해 버리니

바닥에 털썩 퍼질러 앉아 한탄하듯이 하늘 우러러
내장 깊은 곳의 슬픔을 토해내며
밤을 지새우다가 제풀에 지쳐 잠들었던 녀석
〈

녀석의 내장이 밤새워 꿈틀꿈틀 써 내려간
절절한 고백서인 배설물을 지우지 못하고 있다

세상에는 어떤 지우개로도
지워지지 않는 마음이 있다

백발백중 문제집

소중한 것은 우리들의 가슴에
찰싹, 달라붙어 있다
비밀장소에 모셔둘 수도 있지만
우리는 그렇게 하지 않는다
가슴에 꼭 품어 안는다
장미꽃다발이 그렇고 연인이 그렇다
물리적인 거리와는 상관없이
가슴에 품고 사는 것들
그것들이 바로 우리들의 위안이고
하루하루를 살게 하는 힘
하굣길 여학생 하나 가슴에
책을 꼭 끌어안고 지나간다
이름도 그럴싸한 백발백중 문제집
설령 그 문제집을 팽개쳐 버릴 날이 올지라도
그 아이에게 이 순간은 더없이 소중해
가슴에서 떼어놓을 수 없는 것일 터
아이를 지나쳐 오면서 생각해 본다
내 가슴속에 품고 있는 것들
떨어져 나가면 견딜 수 없는
소중한 것들이 얼마나 될까

머리칼 빠져나가듯 나이 숫자에
반비례해 소멸해 가는 마음속 보물들을
헤아려 보는데 쓸쓸함이 그 자리를 꿰차려는 듯
육중한 몸통을 들이밀고 있다

장미유치원

동네 유치원이 사라졌다
수십 년 장미꽃이 피고 지던
이름도 어여쁜 장미유치원
꽃들은 다 시들어버리고
뿌리마저 말라버린 채
빈 덩굴만 남아 있던 집
창문이며 천사가 날아와 사뿐
걸터앉을 것만 같던 발코니며
햇살 좋은 날이면 직박구리가
날아들던 울타리는 흔적도 없고
움푹 팬 구덩이만 남은 그곳에서
환청인가 아이들의 웃음소리가
봄날의 햇살 타고 날아와 꽂히는데
말라버린 장미꽃 대신
할미꽃을 심을 예정이란다
저마다 가슴에 진홍색의
한을 품고 있는 할미꽃과
달곰한 향기로 행복감을
뿜어내던 장미꽃의 대비가
극명하게 드러날 마을

드문드문 유모차를 밀고 가던
할미꽃들이 느티나무 그늘에 앉아
소곤소곤 담소를 나누고 있다

오늘 같은 날

매서운 바람이 뺨을 치고
달아나는 오늘 같은 날은
아이스크림을 사러 마트에 가자
온수 매트를 한껏 올려놓고
따뜻한 방에 들어앉아 눈처럼 새하얀
모달 이불 끌어다 덮고
달아나는 눈송이들을 소리쳐 불러
어깨에 올려놓고 만족한 듯 미소 지으며
제 안으로 침잠해 들어가는
소나무 숲을 바라보며 눈처럼 하얀 고것을
손톱만 한 찻숟갈로 한 입 떠넣고
창밖 한번 바라보고 두 입 떠 넣고
바라보길 반복하며 겨울날의
한가롭고 고적한 풍경화가 되어보자
언제 달려왔는지 코앞에 쪼그리고 앉아
끈질기게 찻숟가락 방향을 쫓는 강아지 녀석의
간절한 눈동자를 못 본 척 외면하고 있다가
못 이긴 척 한 숟갈 퍼주려 팔을 뻗으면
어느새 알아채고 펄쩍 뛰어오르며
꼬리를 뱅뱅 돌리는 녀석을 보며

마음속 깊은 주름을 펴고
한 숟갈 두 숟갈 천천히 천천히
으슬으슬 한기가 들고 콜록콜록
기침이 터져 나와도 아무렇지도 않은 척
시침 떼며 모처럼 없는 여유를
모셔 다 놓고 겨울날의 풍경화가 되어보자

선암사 와불

마음이 헝클어져 부엌방석같이 헝클어져
풀어질 기미가 보이지 않을 땐 선암사에 가자
일주문 지나서 상사화 피고 지는 삼신당을 지나서
대웅전 뒤편 산신각 아래 아늑하게
둥지 튼 귀인을 만나러 가자
그곳에 가면 청룡인 양 유장한 몸을 사방으로
비틀어 펼쳐 놓고 숨죽이고 살아가시는
거사 한 분을 만날 수 있을 거다
모두가 줄기차게 하늘을 향해 치솟을 때
바닥에 처박혀 통곡하다가
한숨으로 허기를 때우다가
마침내 처처한 한숨이 뭉쳐 도달한 마음자리
숨도 쉬지 않고 화도 원망도 쌩쌩 날려버리고
독하게 독하게 맘 자리 다독이며 길을 내
음전하게 살아가고 있는 와불 한 분을 만날 거다
수시로 치고 드는 조롱과 비웃음이
조롱조롱한 열매 되어 영물이 되기를 염원하며
한 발 두 발 어, 발이 떼어지네
어, 손도 거들고 나서네
그래 이거야 됐어, 영차영차 조금만 더 가보자

어떤 세상이 펼쳐질지 알 수 없지만
가는 데까지 가다 보면 아마도 길이 나올 거야
그러던 중 없던 등뼈가 생겨나고
통통한 넓적다리가 사방으로 뻗어나가고
말총머리까지 돋아 사방으로 한세상
기적처럼 펼쳐 놓고 북도 나팔도 없이
고요히 고요히 신명 나는 춤판을 벌이고 있는
선암사 뒷마당 산신각 앞 와송을 만나러 가자

제삿날

기어코 일을 내고야 말겠다고 작정한 듯
눈보라가 사정없이 몰아치던 그날
그는 흔적도 없이 사라지고
무슨 유산처럼 수십 년 전 그날을 환기하려는 듯
맹추위가 으르렁거리는 오늘
제상을 차려 놓고 딸과 함께 절을 한다
어린 자식들을 셋씩이나 두고 남편은 떠나고
그를 따라가고 싶었지만
그럴 수가 없었던 나는 어떻게든 살아야 했기에
흙감태기가 되어 바닥을 박박 기고
검은 펄 뒤집어쓴 투구게가 되어
검은 구멍 넘나들며 이어온 30여 년
30대 젊은 남편 앞에 서서 60을 바라보는
늙은 내가 넙죽 엎드려 절을 한다
댁은 뉘시오, 금방이라도 입을 들썩이며 물어올 것 같은데
사진 속 그는 정물이 된 지 오래
이제는 하마 죽었지, 싶어 털고 일어나면
이때다 싶었는지 맨발로 달려오는 지난날들
그 옛날 한 가닥으로 묶였던 그에게
절을 하는 가슴에 묵은 아픔이 다시

고개를 쳐드는 것을 물리고 아무 일도 없었던 것처럼
제상을 치우고 새우처럼 웅크린 채 잠을 청한다
날씨만큼이나 서늘해져 얼어버린 가슴
해마다 묵은 상처 들추듯 되풀이되는 젯날
왜 상흔은 해가 가도 멈출 줄 모르고
가슴팍을 난도질하는가?
어미의 마음을 잘 안다는 듯
뒷설거지 끝낸 딸도 제 방에 들어 잠을 청하는지
적막만이 가슴을 짓누르는 불면의 밤이 깊어 가고 있다

나만의 방

눕기보다는 앉아 있기에 좋은
웅크리고 앉아서 무언가를 골똘히
생각하기에 더없이 좋은 방
배 불룩불룩한 장독대며
봉숭아꽃 이파리 돌돌 말린 속이
궁금해 턱 바치고 무연히 들여다보고 있으면
쥐구멍에서 멈칫멈칫 콩알 눈 반짝거리다가
에라 모르겠다 빠르게 내빼는 생쥐
그 고물거리는 꽁무니 쫓아가며
발장단을 맞췄다가 허공을 끌어당겼다가
노닥노닥 노닥거리고 있으면
따스한 봄, 햇살에 반짝이던 감 이파리들이
쪼르르 걸어와 말을 거는
고요와 적막과 평화가 공존하는 방
울적할 때면 찾아가 소리죽여 울다가
찐득찐득 뺨에, 입술에 말라붙은
소금기를 밀어내다 보면 차츰차츰 마음이
제 색깔을 찾아가 이제 가봐야지 하고 있으면
언니, 언니 부르며 찾아다니는 소리에
시침 떼고 돌아 나오곤 하던 뒤란 툇마루

지금도 내 안에서 간간이 나를 불러들이는
비밀스러운 방, 툇마루

길

아무리 끙끙대도 문제가 풀리지 않을 때는
어디론가 떠나고 볼 일이다

텅텅 빈 선암사 행 버스에서
조계산의 겨울을 그려보고 있는데
아르헨티나에서 왔다는 남녀 일행이 버스에 오른다

모르는 사람들은 서로 몰라서 편안하다
말을 걸지 않아도 되고
어쩌다 시선이 닿아도 그뿐
자신만의 상념을 방해받을 이유가 전혀 없어 좋은데

일행 중 한 여인이 나를 붙든다
어떤 난제를 풀려 백발을 풀어 헤치고
이 먼 곳까지 흘러들었을까
내가 바이칼 호수를 그리워하듯이
바다 건너 호젓한 이 절간이 그리웠을까

햇살 따스한 절간 마당 벤치에 앉아
선암사 검은 기왓장에

생의 진의를 묻듯 시선을 떼지 못하고 있다

이 세상 어느 곳에서
어떻게 둥지를 틀고 살든지
문득문득 물음표로 다가오는 생의 의문들을
양어깨에 짊어진 이국인들의 얼굴이
팔상전 앞 매화나무 가지마다 대롱거리고
보이지 않는 길을 찾아가는
내 발걸음도 그들 못지않게 더디기만 하다

아이러니

축산 마트 대형유리창에
귀엽고 통통한
아기 돼지 사진이 걸려 있다
티브이 출연자처럼 공들여
바른 빨간 립스틱이 일품이다
오리엔테이션까지 마쳤는지
방긋방긋 웃으며 등장한
포동포동 살찐 아기 돼지
또래들이랑 장난치며 놀다가
잠깐 자세를 취한 듯싶은
무구한 저 표정
나랑 우리 집에 놀러 갈까
어르면 신이 나서 꿀꿀거리며
따라나설 것만 같은 순량한 얼굴이
나를 붙잡고 놔주지 않는다
판매 효과를 노려 붙였을 사진이
되레 죄책감을 불러일으켜
발길을 돌리는데 아기 돼지가
날 두고 가면 어떡하냐고
꿀꿀거리며 맨발로 달려오고 있다

달려오는 남자

차 안에서

잠깐 일 보러 나간 남편을 기다리고 있는데 저만치서 한 남자가 걸어오고 있다 몹시 추운 듯 호주머니에 양손을 찌르고 잔뜩 웅크린 채 달리다시피 종종걸음치며 다가오고 있다

결코 젊다고는 할 수 없는 키 작은 저 남자

이제 직장도 물려버리고 갈 데가 없어 날마다 앞 뒷산 둘레길을 돌다가 말다가 종일 집 안에 틀어박혀 리모컨과 단짝 친구가 돼버린 저 이

그러나 설거지 하나는 끝내주게 잘하는

나와 아이들 의식주를 떠안느라 한세상을 다 날려 보내버린

고마워하기보다는 마음에 안 든다고 불평을 쏟아내며 미워했던 적이 더 많았던 남자가 저만치서 날 향해 걸어오고 있다

강추위에 오들오들 떨며 뛰다시피 빠르게 빠르게

박새

엽서에 작고 깜찍한
새 한 마리를 그리고 난 아침
길을 가는데 바로 코앞 나뭇가지에
녀석이 포르르 날아와 앉는다
팔을 뻗으면 금방이라도 닿을 듯한 거리에
사뿐 날아와 나를 붙잡는다
검정과 하양 또렷한 색감의 옷을 걸친
단정하고 매초롬한 맵시가 빛나는 녀석
금방이라도 날아가 버릴 듯이 고개를 쫑긋쫑긋
탱자 가시 같은 뾰족한 주둥이와
빨간 눈알을 이리저리 굴리며
나와 눈 맞추려 든다
마치 제게 말 걸어주기를 기다리고 있다는 듯
나는 녀석이 조랑조랑 쏟아내는
먼 세상 이야기에 귀 기울이며
한나절이고 두 나절이고 함께하고 싶어지는데
다음에 봐요, 삐삐 한마디 남기고 홀쩍 달아나 버린다
저 작은 새는 내가 저를
사랑하고 있다는 것을 알고 있었나 보다
저도 나를 사랑한다는 사실을 알리고 싶어

쌩 날아들었다가 수줍어 훌쩍 내뺐나 보다
때때로 우리가 사는 세상에는
이렇게 뜻밖의 경이롭고
기분 좋은 일들이 일어나 가슴을 뛰게 하느니
고적한 마음에 진주알 같은 물방울을 떨어뜨리느니

수오당[*]

햇살이 먼저 자리 잡은 마루에
인사도 없이 나를 내려놓는다
부르튼 마룻장 나뭇결들이
거둬들인 시간만큼 거칠다
구름은 오늘사 말고 장을 보러 가는지
줄지어 급히 서편으로 돌아가고
바람은 고택을 어루만지듯이
간간이 혀를 밀어냈다 달아난다
수령 백여 년의 조선시대 한옥
검은 기왓장이 내뿜는 기운이
버거웠는지 사람 하나 찾아볼 수 없어
더더욱 적막한 고택 마당엔
매화나무만이 저 홀로 몽글몽글 꿈을 키우고 있다
모태에서 밀려난 전통가옥
사람이 집을 찾아 이사 가는 게 아니라
살 곳을 찾아 이사해 온 집, 수오당
품었던 식솔들과 땅의 냄새를
아직도 잊지 못한 걸까
벽장마다 살림살이들이
서로를 꼭 끌어안고 버티고 있다

살아서 슬픈 것은 사람의 일만은 아닌가 보다
제자리 하나 지켜내지 못하고
타지로 쫓겨와 이웃도 없는 둔덕에
딸랑 외떨어져서 과거를 먹고 살아가는 방들과
더 이상 모실 조상도 없는 사당
내장을 뽑아낸 미라가 꼼짝하지 않고
무덤을 지키듯이 한겨울 추위를 말없이 견뎌내고 있다

* 구례 산성리에 있던 백경 김무규 선생의 한옥을 2006년 순천으로 옮겨 놓음.

향긋한 미소

선암사 무우전 돌담 아래 매화나무 한 그루
병든 몸을 담벼락에 간신히 기대고 버티고 있다
온몸에 동아줄 칭칭 감은 채
어디론가 끌려가려 막 집을 나서는
죄인 같은 저 군상
곧장 고꾸라져 버릴 듯 위태로운데
이를 악물고 견디는 중이신가
살은 물론 뼛조각 하나 남김없이
다 파먹어 버리고 짐승의 발바닥 같은 표피에
간신, 간신 기대 버티고 서 있는 저 이
처음 세상에 왔을 때의
유려한 모습은 어디에서도 찾아볼 수가 없다
한세상 살아낸다는 것은
제 안의 뼈와 살을 야금야금 파먹는 일
심장은 물론 허파에서
큰창자 작은창자에 이르기까지
남김없이 세상의 주둥이에 내어주는 일
그러면서도 찡그리지 않고
남은 숨 다할 때까지 기꺼이
연분홍 미소를 퍼 올리는 일

당신들은 가엾다고 혀를 끌끌 차고 돌아서지만
나는 다만 멈추지 않는 우주의 이치에
순응하고 있을 뿐이라고
오히려 돌아서는 이들을 사글사글 감싸안으며
한사코 은근한 향기를 퍼 올리고 있다

바람 부는 날에는

바람 부는 날에는

무작정 집을 나서자 논두렁을 지나 밭두렁을 지나 강아지처럼 망아지처럼 달려가다가

앞으로 나자빠지고 뒤로 벌렁 넘어져 무릎이 깨지고 팔꿈치가 나가도 괘의치 않고 미친 듯 달려가다가 숨이 차면 굼벵이처럼 납작 엎드려 느릿느릿 시나브로 기어가다가

정 안 되면

논두렁에 퍼질러 앉아 흙범벅이 된 신발을 툭툭 털어내다가 깨진 무릎에서 솟아오르는 작은 핏방울을 들여다보다가

두 팔 걷어붙이고 맹렬히 뒤쫓아 오는 바람에 어쩔 수 없이 너를 통째로 내주고 나면

이윽고
〈

한 점이 된 이를 만날 것이다

오래전부터 널 기다리고 있던, 처음 세상에 왔던 본래의 너를

3부

집 한 채

오래전에 내가 살았던 집
오래전에 네가 살았던 집

지금은 너도 없고 나도 없는 집

마당 한번 쓴 적 없고
창문 한번 닦은 적 없지만

지금도 새집 같은 집

언제까지나
처음 지은 그대로 살아남아

너와 날 기다리고 있을
그 믿음 하나로 나를 살게 하는 집

지구상에는 없으나
너와 나 사이에 존재하는 집

존재한다고 믿고 싶은 집

선암사 승선교

계곡에 반원형으로 쌓은 돌담을 보고 있다
동그란 놈 네모난 놈 세모난 놈
밑은 좁고 위는 넓은 사다리꼴
곧 버그러질 것처럼 위태로운 놈
금강석처럼 단단한 놈 이도 저도 아닌 놈
이끼와 입을 맞춘 채 헤벌쭉 웃는 놈
기가 죽어 잔뜩 어깨 움츠린 놈들이
바짝 몸을 밀착시키고 이와 이를 맞춰
서로를 떠받치고 있는 돌다리
말하지 않아도 친근감이
청보리 내음처럼 물씬 풍겨 나오는
얼핏 보기에 바짝 몸과 몸을 밀착시킨 것 같지만
사방에 숨구멍을 두고 차곡차곡
마치 저녁 범종의 연연한 울음을
만져보고 싶다는 듯 수수한 얼굴들
잠시 잠깐이 아니라 백 년이 가고
천년이 가도 서로의 첫 마음이
발밑 계곡물 흐르듯 흐르게
을러방망이 휘둘러 다그치지 않고
생긴 대로 한세상 원 없이 살다가 가게

내버려 둔 듯 내버려 두지 않은
신의 손길이 함께하고 있다는 생각
지워버릴 수 없는 유려한 아치형 다리
마치 우리 사는 세상사를 한 삽 뚝 떠다 놓은 게
틀림없다는 생각 지울 수 없는 승선교

추운 날엔

눈보라 몰아쳐 몸도 춥고, 마음도 허기져
무너져 내리는 날은 라면을 먹자
구석에 처박아 두었던 양은 냄비에
굽은 등처럼 구불텅한 고것을
네 조각으로 쪼개 넣고
대파도 송송 썰어 넣고
김치 몇 가닥 꺼내놓고
후후 불어가며 뜨거운 고것을 욕심껏
젓가락에 휘감아 한입에 넣고
짭짭 소리도 크게 내가며 맛있게 먹어보자
앗 뜨거, 비명을 질러가며
벌건 국물도 후르르 후르르
잽싸게 목에 넘기고 휴, 한숨까지 쉬어가며
이마에, 등줄기에 땀이 흠뻑 솟도록
쉬지 말고 후다닥 먹어 치우자
거울이 널 훔쳐보고 있다면
얼른 뒤로 돌려놓고 체면이고 뭐고
쓰레기통에 던져버리고 날름날름
몸과 마음이 쌀가마 채워 논
뒤주처럼 꽉꽉 채워 넘칠 때까지

젓가락을 놓지 말고 후루룩후루룩
미친 속도로 먹어 치우고
입 쓱 닦고 거울을 돌려놓자
성냥갑처럼 꽉꽉 채워진 나를 만나자

콩나물

반들반들 윤기 자르르 흐르는
고러고러한 녀석들이 한결같이 차렷 자세로
나를 주목하고 있다
금방이라도 재잘재잘 재잘대는 소리가
웅성웅성 들려올 것만 같은데
긴장한 녀석들은 한층 더 커진
눈만 멀뚱거리고 있다
하룻밤 불려서 깨끗이 씻어
소쿠리에 건져 놓은 노란 콩들을
시루에 쏟아붓고 검은 보자기로 덮어둔다
시루에 물을 줄 때마다 졸졸거리는 물소리가
조용한 안방에 음악이 되어 흐른다
마치 시냇가 풍경을 한 자락 떠다 놓은 듯하다
궁금해 들여다보면 너나 할 것 없이
볼금볼금 몸통을 뚫고 나오는 꼬리들
성공이다, 터져 나오는 환호성 밀어 넣고
다시 보자기를 덮어주며 기다린다
꽉 막힌 동이에 갇힌 채
어둠을 먹고 자라나는 몸들
어떡하든지 빛을 찾아나가려는

몸부림으로 키를 키우는 이들이
마치 세상살이에 열을 다하는 지구인들 같아
오늘의 어둠을 삼키며
빛이 되기를 열망하는 너와 나 같아
눈을 떼지 못하고 멈춰 서 있다

봄, 소풍

돌풍이 몰아치듯 네가 가버린 뒤
어느 해 봄, 너와 함께 소풍을 와서
김밥을 먹던 평사리 둑길을 걷는다
몰아치는 겨울바람을 밀어내며 걷는다
저 멀리 푸른 대숲을 휘돌며
강물은 길게 누워 있고
끝없이 펼쳐진 은빛 백사장은
태곳적 고요를 빼어 문 채
숨을 죽이고 나는 하늘과 맞닿아 있는
숭엄한 그 적요 속으로 걸어 들어간다
맑은 바람의 끝자락엔 무엇이 기다리고 있나
발바닥을 간질이는 모래밭을 신바람이 나
사박사박 뛰어다니며
한눈팔다가 멀리 가버린 나를 보고
헐레벌떡 숨을 몰아쉬며 달려와
세상엔 왜 이리 신기한 게 많아요 묻듯이
다시 사방을 휘휘 둘레둘레 둘러보며
솔방울처럼 쫄랑쫄랑 쫄랑거리며 날 따라오던
어제의 너를 그리며 걷는다
기어이 날 밀어 넘어뜨리고 말겠다는 듯

달려드는 거센 강바람으로
울음을 덮으며 울음을 지우며
널 저 멀리 날려 보내려
널 내게서 들어내 버리려
넌 내게 잠깐 찾아드는 남실바람이었으려니
한 줄기 오묘한 신기루였으려니
달래가며 한겨울 백사장을 걷고 또 걷는다

잔디 자연장

한 뼘 간격으로 다닥다닥 붙은
이름표들 사이에서 고인의 이름을 찾는다
가로세로 열을 맞춰 붙어 있는 이름들
더도 덜도 아닌 딱 벽돌 하나의 크기다
설 명절을 며칠 앞두고 미리 찾은 공원묘지
잔디 자연장은 그사이 식구가 많이 불어
벽돌 수도 그만큼 늘어났다
여기저기 작은 꽃다발들이
이름표 옆에 꼽사리 낀 채 버티고 있다
우리는 밀집한 이름표들 사이에
어렵사리 제수를 놓고 절을 한다
할아버지뿐 아니라 옆자리 앞자리
뒷자리에 계신 분들이 동시에 절을 받으신다
그래 왔냐, 오랜만이다
벌써 새해가 밝았구나
할아버지 말씀에 잇따라 여기저기서 들려오는 목소리
댁들은 뉘시오
약간의 기대와 의문이 동시에 묻어나는
목소리들이 비누 거품처럼 스르르 사그라드는걸
못 들은 척 자리를 털고 일어선다

죽어서도 사지 한번 맘껏 펴지 못한 채
찬바람 앵앵거리는 벌판에 쓸쓸히 누운 몸들
남 일로만 제쳐둘 수 없어
자꾸만 뒤가 돌아봐지는데
자동차는 한가한 소리 집어치우라는 듯 속도를 내고 있다

딸아, 딸아 내 딸아

갓난쟁이에 세 살 네 살

어린 것들을 남기고 남편이 떠나버린 뒤 어미인 나를 도와 집안의 생계를 도맡아 온 큰딸이 언제부턴가 야근이에요 특근이에요 둘러대며 한밤중에 돼서야 돌아오는 걸 미심쩍어하면서도 믿자 믿어주자며 넘어가기 일쑤이던 어느 날

택시를 탔는데

뒷모습이 낯익어 어디선가 많이 본듯해 꽂혀 있다가 세상엔 닮은 사람이 더러더러 있느니, 어쩜 우리 큰 딸을 저리도 닮았을꼬 혼자 중얼거리다가 말다가

목적지에 도착

뒷좌석을 돌아다본 기사 얼굴, 모자로 마스크로 가렸으나 보이는 얼굴 숨겨지지 않은 숨길 수 없는 얼굴 아니 너, 너였구나, 내 딸이었구나

울컥 뜨거워지는 심장 녹아내리는 애간장

〈
  딸아, 딸아 내 딸아! 사랑하는 내 딸아

  뜨거운 눈물 연달아 떨어지는 손을 거머쥐고 딸아, 딸아 내 딸아, 엄마, 엄마 우리 엄마 둘이 하나 되어 말을 잇지 못하고

  말을 잇지 못하고

정초의 기분

승차권 발매기 두 대가 달랑 놓인
시외버스 간이 정류소에 사내 하나
삼켜버린 카드를 두고 좌불안석
들어오는 발길마다
반응하는데 매번 헛다리다
하품을 뱉어내며 지쳐갈 즈음
도착한 말총머리 여직원이
다짜고짜 사내를 나무란다
어리벙벙한 사내 죄인처럼 주눅 들어
기계를 살피는 그녀 등을 향해
부동자세로 서 있는데
다짜고짜 돌아오는 칼날 같은 말
이상이 생겼으면 배상하세요
상대를 돌아보지도 않고 던지는
한 방에 공기는 짱짱하게 얼어붙고
그럭저럭 손해배상을 청구하지 않고도
마무리됐는지 말총머리는 인사도 없이
카드를 던지듯 건네고 사라지고
한참을 선 자리에서 몽그작거리던 사내
여행할 기분이 사라졌는지 발길을 돌린다

설 명절 귀향길을 죽 쒀버린 듯
서글픈 사내 표정이 내 앞에 멈춰 서 있는데
카드 전용이라 써 붙인 빨간 글씨는
이제 또 누구를 잡아먹을 속셈인지
주둥이를 있는 대로 벌린 채 함묵하고 있다

두 사람

빗물 번들거리는 보도블록에
앞장선 강아지를 따라
노인이 절뚝거리며 뒤를 따르고 있다

쬐그만 녀석이
제 몸피의 서너 배도 넘어 보이는
노인을 끌고 가고 있다

주인이 염려되는지 녀석은
몇 걸음 가다가 뒤돌아보고
또 가다 뒤돌아보며 앞장서서 걸어가고 있다

빗물에 젖은 아랫도리에
으슬으슬 한기가 드는지
부르르 물기를 털어내며
열심히 주인을 모셔가고 있다

고 녀석 참!

빗물 머금은 추레한 겉모습이

세상 그 어떤 꽃보다 아름다워
시선을 거둬들이지 못하고 있는데

또 하나의 꽃송이가 가슴속에서
둥지를 트는지 꿈틀꿈틀 꿈틀거린다

만개

초록 저고리 치마가 넝마가 되고
그 넝마가 찢어발겨져도
목숨만은 보전해야 했다
혹한의 빙하기가 뿜어내는
추위에 몸서리치며 까무러치기를 수십 번
간혹 동정의 눈길이 와 닿기도 했으나
달라진 것은 없었다
종종걸음치던 발길들이 느슨해지고
새들의 찾아오면서 덩달아
실종됐던 정신머리가 돌아와
세상이 다시 보이고 축적된 고통의 힘이
나를 벌떡 일으켜 세웠을 때
쏟아지던 찬사들, 무심만큼이나
견디기 힘든 공치사들
사람들은 모른다, 알 턱이 없다
그게 참고 참았던 나의 눈물인 것을
발바닥에서 발원, 수직 상승해
폭발하는 나무들의 울음통
사람들은 그에 감탄사를 연발하지만
꽃은 실은 누적된 슬픔의 실체다

화려하고 고혹적일수록 더욱더 아프고 쓰라린
슬픔을 아는 자만이 꽃의 울음소리를 듣는다
나는 오늘 그들의 일기장을 넘기는 중이다

간밤의 왈츠

아침에 일어나 보니 무당벌레가
부엌 창 다육식물 이파리에
착 달라붙어 코를 골며 자고 있다
검은 바탕에 빨간 점이 박힌
화려한 드레스를 입고
어느 연회장에서 밤을 지새우다가
간이역에 들러 잠시 여우잠에 빠지셨는가
구석에 엎어진 유리구두가 반짝 섬광을 발한다
둘둘 감은 비단 레이스 자락에서
흘러나오는 경쾌한 왈츠에 맞춰
질질 끄는 원형의 드레스가
빙글빙글 빠르게 돌아가는데
잘록한 허리를 잡아 허공으로
끌어올렸다가 바닥으로 내동댕이쳤다가
다시 들어올리기를 반복하며
영원의 세계로 진입한다
모든 게 순간 정지되고 오로지 음악과
날렵한 나비 한 쌍만이 존재하는 나라에서
고단한 하룻밤을 보내고 온 저 숙녀
아침이 벌써 몇 번째 등을 두드려 보지만
꼼짝하지 않고 단잠에 빠져 있다

목소리

한겨울 학교에서 돌아오면

시퍼렇게 얼어 돌아오면

할머니 아랫목을 내주시며

"우리 손녀딸, 추운데 어서 이리 들어오그라이"

아랫목에 묻어둔
밥그릇처럼

따뜻한 목소리

내 몸에 내 맘에 뿌리 박힌
다시는 들을 수 없어서

사무치고
사무치는

할머니 목소리

약력

평생교육원 강의목록을 뒤지다가
강사 약력을 열어본다
짧은 카트 머리가 입꼬리를 올리며
방긋 웃고 있는 증명사진 아래
작고 까만 글씨들이 주르륵주르륵
실도랑 물 흘러가듯 졸졸 줄줄
한 페이지는 족히 넘어 보인다
최종학력 교육기관 자격증 자기소개서를
일일이 읽어본다
줄마다 송글송글한 땀방울들
방향을 못 잡고 헤매느라 쳐냈다
다시 붙들기를 반복한 가지들
물미역이 되었다가 뾰족한
송곳이 된 흉터들
퉤퉤 침까지 찍어 바르고 덤볐으나
미끄러지는 건 다반사
어쩌다 용케 붙잡은 줄마저
언제 잘릴지 몰라 조마조마 불안불안
삶이란 울퉁불퉁한 자갈길
칸 칸마다 빗물 삐걱거리는 헌 고무신짝

아침이 오면 다시 두 손을 모으고
무너지는 천장 양어깨로 떠받치며
기세 좋게 걸어 나가야 할 이웃들
강사 창을 빠져나와 창밖을 본다
어제처럼 아침이 또 밝아오고 있다

비밀 품은 돌멩이[*]

벼르고 벼르다 도착한 두메산골
떨어져 나간 벽 곳곳을 검은 비닐로 둘러친
농가 사진이 키 큰 안내판에 멀뚱하다
헛간으로 쓰인 듯 거적으로 입구를 막은 토담엔
화살표가 벽에 박힌 특정한 돌멩이를 향해
날아가는 중이고 그를 확대한 사진과 함께
집 벽의 재료가 된 돌멩이라는 부제가 붙어 있다
수수만년 전 어느 집에서 누군가 쓰던
집기가 저렇듯 대를 물리고 물려
오늘에 이르렀을까?
사람들이 태어났다가 죽기를 반복하는
수수만 년 동안 죽지 못하고 버텨온 돌멩이들
그가 어떤 사연을 지녔는지도 모른 채
굴러다니는 것을 주워다 요긴하게 써왔을 사람들
수 대를 걸쳐 사람들은 죽어 나갔지만
자신의 신분이 밝혀질 때까지 버티고 버티다가
비로소 오늘에 이르러 제 이름을 드러낸
구석기인들의 뭉툭한 염색체들
세상 그 어떤 것보다 신비롭고 찬란해
넘치는 희열을 안고 돌아서는데 환청인가?

조상님들이 우르르 몰려와
또 보고 싶으니 꼭 다시 오라고
소리 높여 외쳐대는 바람에 걸음을
떼놓지 못하고 머뭇거리고 있다

* 순천시 외서면에 있는 석기시대의 유적지로 2004년 대한민국 사적 458호로 지정됨.

능소화

골목길 들어서자 출렁거리는
웃음소리가 담벼락에 주렁주렁 걸렸다
장난기 동한 아이들처럼 둘씩 셋씩
뺨을 맞대고 고개를 갸웃갸웃
까르르까르르 터지는 풍선에
호주머니마다 빵빵하게 들어찼던
근심이 걸음아 날 살려라
내빼버렸는지 주머니가 새털처럼 가뿐가뿐
꽝꽝 언 가슴에 빨대를 꽂듯
부드러운 입김 불어 넣는 꽃들
그러고 보면 꽃은 사람들을 위해
신이 보내준 선물인지도 모르겠다
파도처럼 밀려드는 갈등과 애증으로
점철된 인생길 여기저기에 포진해 있는
꽃들은 대체로 둥글다 네모난 꽃은 없다
또한 둥글 것들은 대부분 넉넉하다
둥근 꽃의 근원은 바로 둥근 씨앗
그러고 보면 사람과 많이 닮았다
하나의 둥근 물방울에서 와서 둥근 지구에서
둥근 해와 달과 눈 맞추고 살다가

둥근 씨앗 몇 개 떨어뜨려 놓고 사라지는 사람들
꽃들은 바로 우리 자신이다
너와 내가 곱게 피어나는 꽃에
곧잘 빠져드는 이유다

4부

완성된 슬픔

어느 날 갑자기

마흔 줄의 큰아들이 가고 이어 둘째 아들이 가고 내 남편이었던 셋째 아들마저 어린것들 셋을 두고 떠나버리자

늙으신 어머니는

제정신이 아닌 제정신일 수가 없었던, 울음조차 사치였던 어머니는 늘 웃으셨다

봉싯봉싯 봉시르르
방싯방싯 방시르르

산마루 갸름갸름한 초승달처럼 웃으셨다

나는 그때 알았다

울음보다 더 깊고 슬픈 것이 미소라는 걸 세상 그 어떤 걸로도 치유할 수 없는 치유될 수 없는 슬픔이

조용한 미소라는 걸

그날

　갓난쟁이에 세 살 네 살 난 아이들을 두고

　네가 가버린 날, 난 이제 어디로 가나 어디로 가야 하나 미쳐 가고 있는데 어린 것들 배고프다고 매달리다가

　엉엉 엉엉

　빈 쌀통 득득 긁어다가 밥을 안치는데 밥솥으로 눈물이 후드득후드득

　눈물 밥을 먹이며
　눈물 밥을 먹으며

　난 아무 생각도 안 났어

　다만 한 가지 저 어린 것들 데리고 어디로 가나 어디로 가야 하나 오직 그것 하나만 생각했지

　해가 죽어버린 그날

달도 죽어버린 그날

네가 다시 못 올 먼먼 나라로 가버린 그날

검정

물감을 가지고 놀던
아이가 떠난 자리에
검은 종이 한 장만 덩그러니 남아 있다
밤처럼 캄캄해진 종이를 들여다본다
맹수의 목구멍 같기도 하고
까마귀가 떨어뜨리고 간
부고장 같기도 한 검정
검정은 속을 보여주지 않는다
도대체 무슨 생각하는지 알 수가 없다
죽음의 상징물이 된 지도 오래
그리하여 사람이 세상을 떠나면
으레 우리는 검정을 입는다
더 이상 가미할 색이 없는
처음이 아닌 끝을 가리키는 색, 검정
그러고 보면 모든 생명체는
갖가지 화려한 색의 옷을 입고 왔다가
종래에는 검은 옷 한 벌을 걸치고
땅으로 되돌아가도록 정해진 것일까
모든 색은 검정으로 종결된다는 걸
증명하듯 아이가 남겨놓고 간 종이 한 장

기나긴 생의 갖가지 희로애락을
한데 버무려 놓은 듯한 검정이
이 저녁, 날 움켜잡고 있다

시소 타기

스틱을 휘두르자, 공이 굴러가고 있다
여남은 발치에 있는 공을 향해
정면으로 달려가는가 했더니 슬쩍 비껴가 버린다
그와 동시에 터지는 탄식과 환호성
한쪽의 실수가 다른 쪽에게는
안도와 기쁨이 되는 게임
공은 정확한 조준과 힘의 강약을 기반으로
목표물을 향해 달려가게 되어 있다
그러나 매번 성공하는 것은 아니다
숙련된 이들도 간혹 실수하기 마련
거기에 경기의 묘미가 있다
같은 편의 실수가 상대편에게는
기쁨이 되는 아이러니
구장에 날마다 사람들이 모여드는
이유 중 하나일 것이다
인류가 언제부터 게임을
시작했는지 알 수 없으나
그 기원은 놀이였고 거기서 발전
오늘에 이르렀고 사람들은 환호와 낙망의
시소를 타며 맹물 같은 생에

소금을 뿌리며 살아가는 것이리라
데구루루, 공이 날 향해 굴러오고 있다

그날 이후

공백으로 남겨둔 일기장처럼
다달이 해오던 만남을 중단했다가
삼 년여 만에 다시 만나는 자리
눈빛 하나로 우리는 긴 시간을
단 몇 초 만에 훌쩍 뛰어넘었다
수수 년 눈에 익은 마음들은
툭, 끊어졌던 고무줄을 잇듯이
막혔던 보를 확, 트듯이
그렇게 도랑물이 되어 다시 흐르고
누가 뭐랄 것도 없이 예전의
사람들로 돌아가 밥을 먹고
차를 마시며 사는 이야기를
주고받느라 고개를 끄덕이다
실없는 소리에 폭소를 터트리기도 하며
삼 년의 공백을 채워 넣는다
생의 지향점은 다르지만
직선이 몸을 굽혀 원을 이루듯
탁자를 중심으로 둥글게 둘러앉아
만남이 주는 포만감으로
다시 살가워진 얼굴들

누구도 인정하고 싶지 않은
달갑잖은 시간의 흔적들은 역력한데
우리는 모두 그 사실엔 함묵하고
다만 탈락자 없이 죽음의 터널을
용케 빠져나온 사실에 집중하며
서로의 마음을 확인할 수 있는
오늘 이 시간이 소중하고 소중해
잡다한 근심 따윈 구석에
밀쳐 두고 서로의 눈을 보며
그동안 가난했던 마음을 달랜다

삐악삐악

연약한 것들, 어린 것들은
사람의 마음을 끌어당긴다
봄날, 연둣빛 입술 내민 새순들이
바람에 흔들리는 강아지풀 모가지가
어미 따라 고물거리며
마당을 휩쓸고 지나가는 병아리 떼가
폴짝폴짝 뛰어올라 매달리는 강아지에 이르기까지
그들 앞에서 우리는 독한 마음을 먹을 수가 없다
사납기로 이름난 사자도 새끼 때는
더할 수 없이 사랑스러워
보는 순간 마음을 덜컥 빼앗기고 만다
새 냉장고를 들였다
부엌을 압도하는 큰 덩치가
문명의 상징처럼 떡 버티고 있는데
요놈이 가끔 연약함을 가장하고
울어대는 통에 만사 제쳐놓고 달려가곤 한다
삐악삐악 삐악삐악
인간의 심리를 이용한 21세기 문명의 도구
사람인 내가 녀석을 부리는 게 아니라
녀석이 되레 날 호출해 대는 오늘

거센 문명의 물결이 덩실덩실
어깨춤을 추며 미친 속도로 달려오고 있다

파도

해 질 무렵 산길을 돌아 나오는데
함께 걷던 강아지 태도가 심상치 않아
뒤돌아보니 유기견이 몇 발짝
떨어져서 우리를 따라오고 있다

내가 멈춰 서니 더는 따라오지 않고
언덕배기에 쪼그리고 앉아
멀어져 가는 우리 뒷모습을 쫓고 있다

마음에 걸려 몇 걸음 가다 돌아다보고
또 한참을 가다가 돌아다봐도
여전히 꼼짝도 하지 않고 우릴 지켜보고 있다

녀석은 지금 기억의 어디쯤을 걷고 있는 것일까

타자의 모습에서 과거를 발견하고
정물처럼 굳어버린 녀석

말은 하지 못하지만
말은 하지 않지만

〈
지나간 어떤 날을 두고 떠나온 슬픔은
사람들만의 것이 아니라

모두의 것이라
가슴 밑바닥에서 출렁출렁 파도가 인다

요양원

바다 한가운데 그녀가 떠 있다
등대도 구명정도 없는 어둠 속
초점 잃은 퀭한 눈이
방향타를 찾아 두리번거리지만
그녀를 품은 암흑은
깍지 낀 손가락에 힘을 더할 뿐
태양은 달과 별을 데리고 떠나버렸고
간혹 바람만 그녀의 안부를 묻듯
빈 과자봉지 같은 얼굴을 긋고 지나간다
보고픈 이도 찾는 이도 없는 고도
어쩌다 급류에 휘말려 펄 묻은
몸으로 이곳에 누워 있는지 알지 못한 채
무작정 무언가를 기다리고 있다
사람이 사물이 되는 건 한순간
굳어진 몸 따라 생각까지
바위너설이 돼버린 그녀
온종일 팔목을 붙들고 있는
인공윤활유에 모든 걸 맡긴 채
세상에서 가장 느린 속도로
눈을 떴다, 감기를 반복하는데

내장 깊숙이 파고든 먹구름은
빠른 속도로 먹잇감을 탐식한다
체념인지 달관인지 표정이
실종돼 버린 부서진 배 한 척
치고 드는 성난 파도의 혓바닥을
물끄러미 바라만 보고 있다

숨바꼭질

공원 계단을 강아지와 함께 내려간다.
녀석은 뭐가 그리 좋은지 폴딱폴딱
공처럼 뛰어 저만치 앞서가고 있다
뒤따라가던 내가 장난삼아
숨어버리면 한참 지나서야
뒤돌아보고 어리둥절
동그란 눈을 이리저리 굴리며 허둥대다가
아차 싶은지 부랴사랴 계단을 되짚어 올라온다
그 모습이 기특해 너무 사랑스러워
폭죽 터지듯 가슴에 불이 켜진다
솜이불처럼 따뜻해진다
누군가와 함께한다는 것은 마음의 색깔을
스스럼없이 드러내는 일
부드러운 눈길로 주름진
가슴팍을 어루만져 주는 일
하물며 그 대상이 강아지일 때
그 황홀한 떨림이라니
나는 이 순간을 어떤 말로도
표현할 수 없어 고 작은 녀석을
가슴에 꼭 끌어안고 곱슬곱슬 곱고

고운 털을 어루만지며
등을 토닥토닥 두들겨 준다
녀석도 내 맘 아는지 눈이 휘둥그레져서
솔방울처럼 커져서 어찌할 바를 모르더니
공 굴리듯 데굴데굴 검은 눈을 굴리며
나와 눈 맞추고 있다

징검다리

핸드폰에 연이어 불이 들어온다
모임을 알리는 공지가 뜨면서 참, 불
문자가 연달아 올라오는데
그중 하나 번뜩 안녕을 고하고 즉각 증발해 버린다
유일하게 단 하나 있던 시골 고등학교에서
3년을 한결같이 부대끼며 살아오다
인생 중반기에 다시 모여 30년 가까이 이어온 모임
이럴 때 시간의 중량은 무의미해지고
가슴에서는 그동안 우리를 받치고 있던
기둥이 쿵쿵 연달아 무너지는 소리가 나고
사막 같은 침묵이 이어진다
우리는 다들 잘 알고 있다
함께 함으로써 오는 정신적 안정을
사람은 물질의 힘으로 사는 게
아니라 마음의 안정으로 살아간다는 것을
티격태격 불협화음 속에서도
그럭저럭 위기를 넘기고 함께해 온 시간이
봇물 터지듯 한꺼번에 우르르 쏟아진다
사람 사는 일이 어릴 적 공상처럼 근사하지는 않지만
울고 싶을 때도 많지만 모임 때면

가장 예쁜 옷을 차려입고 미소도 한 숟갈 베어 물고
사뿐사뿐 모여들어 가슴 아픈 사연보다는
싱그러운 봄꽃 같은 이야기들로
최대한 자신들의 치부를 가리려 애를 쓰며 살아온 날들
누군가 겨냥한 바늘 끝에 찔려 보따리를 싸버린
그녀에게 장문의 문자를 띄운다
우리 이 징검다리를 잘 건너보자고
여태 잘 건너 오지 않았느냐고

응시

땡볕 보글보글 끓는 한낮
소나기 급히 지나간 물가에
강태공 하나 낚싯대를 던져놓고
빠르게 달아나는 물줄기를
끈질기게 응시하고 있다
팔을 뻗듯이 앞으로 쑥 밀어낸
기다란 모가지는 집념의 결정체
묵직한 주머니 같은 하체를
송곳 같은 두 다리로 힘겹게 받치고 서서
꼼짝하지 않는 섬섬한 저 이
마치 모형을 세워 놓은 듯싶다
그래 삶이란 저처럼
간절하게 마음을 모으는 것이다
언제 도착할지 감을 잡을 수 없고
형체도 분명치 않은 어쩌면
영영 오지 않을 수도 있는 그것을
손에 꼭 쥐고 놓지 않는 것이다
사람들이 희망이라 부르는
우리를 살게도 하고 죽게도 하는
절대적인 神 같은 그것을

집요하게 붙들고 있는 백로 한 마리
해가 지고 있다

무희

투명한 햇살이 길게 팔을 뻗으며
출근한 이른 아침
장난기 동한 물총새가 아슬한
모기 다리로 햇빛의 맘을 떠보려는지
발로 살짝 걷어차며 쪼르르
앞으로 급히 달려 나갔다
다시 황급히 되돌아왔다가
훌쩍 솟구쳤다가 휘딱 내려앉아
고개를 짜웃짜웃
왼쪽 오른쪽, 오른쪽 왼쪽
부산히 흔들어 대며 갔던 길을 사풋사풋
되짚어갔다가 다시 뒤돌아 왔다가
이건 아니지 싶은지 포르르
날아올랐다가 내려앉기를 반복하며
끊임없이 활개 치고 있다
날렵한 몸 따라 움직이는
스포트라이트를 아는지 모르는지
연속되는 재바른 동작에 잠시
나를 잊고 있는데 문득 무대에서 춤추는
어린 무희가 떠오르면서 그래 맞아

인류의 춤의 기원이 바로 너였지
무릎을 치는데 그러든가 말든가
당신 맘대로 생각하라는 듯
새는 고무줄놀이하듯
아침햇살을 요리조리 꿰어 다니며
허공을 제멋대로 조물조물 주무르고 있다

분홍

어디서 누가 데려왔을까
빨강과 하양을 잘 풀어 섞어놓은 듯
다가가는 발길 내치는 법이 없을 듯
다소곳하고 고요한 색, 분홍
빨강이 모체라고도 할 수 있겠지만
빨강과는 매우 다르다
직설적이고 도전적인 빨강은
처음 보는 이에게도 덥석 손을 내민다
펄펄 끓어 마주하는 순간 단숨에 빠져들어
헤어 나오기 어려운 색이 빨강이라면
분홍은 정반대, 사람을 압도하기보다는
알게 모르게 서서히 스며들어 어루만진다
음성으로 치자면 들릴 듯 말 듯 가느다란
고요를 서너 컵이나 들이켠 듯 차분한 심지가
은근히 매력을 발산하는
봐줘도 그만 외면해도 그만이라는 듯
초연함을 품은 그러나 한번 빠져들면
헤어 나오기 힘든 마약 같은
젊은 날의 사랑이 빨강이라면
노년의 사랑은 아마도 분홍일 것이다

좋아한다는 말 한마디 건넨 적 없고
들어본 적도 없지만 언제나 느껴지는
은은한 사랑을 대변하는 색
분홍을 매달고 백일홍이 올해도 어김없이 찾아왔다

빙글빙글 뱅글뱅글

오일장 좁은 골목에
하나는 심심해 심심한 건 재미없어
두 개의 원이 빙글빙글 급하게 돌아가는데
작달막한 사내 하나 전투를 치르듯 원형의 기계에
칼을 갖다 대고 윙윙 윙윙 그때마다
솟구치는 까막별들 덧없는 인생길 증명하듯
맥없이 떨어져 나가 숨을 거두는데
놀란 칼날이 비명을 질러대며 사내를 닦달한다
이쪽저쪽 칼날을 돌려가며 마찰시켰다가
숫돌에 갈았다가 사포로 닦아냈다가 다시
몸을 깎아내는 과정이 되풀이되는 것을
흥미진진하게 지켜보는데
칼을 가는 도중 사내가 한 번씩 칼날을 찔러본
통나무 거치대가 일부러 도려낸 홈처럼 움푹 파였다
장정의 튼실한 허벅지가 단번에 쑥, 들어가고도 남겠다
얼마나 많은 칼들이 저 자리를
거쳐 부엌으로 되돌아갔을까?
훈장이라기보다는 사내의 헤진 일기장 같은
거치대를 보며 늙수그레한
사내의 삶을 어림짐작해 보는데

뭐 볼 게 있다고 그리 들여다봐 싸소
툭, 한 마디 던지고 사내는 다시 칼을 간다
한평생 당신 몸에 묶은 때를 깎아내듯이
주저앉으려는 정신력 곧추세우듯이 정성을 쏟는데
내 어깨로 그의 그림자가 슬며시 날아와 앉는다

여인초

아마도 그랬을 것이다
누군지 알 수는 없으나

훌쩍 키가 크고
허리 낭창낭창한
너에게 못 박혀

휙, 날아가는 새 꽁무니 한번 쳐다보다가
대숲의 자근자근한 고백에 귀를 세워보다가

눈 한번 마주쳐 본 적, 말 한마디 붙여본 적 없이
외로 서서
가슴만 쓸어내리며 그리워하던 여인

북풍에 풀씨 날아가듯
떠나버린 뒤에서야 아차 하고
가슴을 치다가

갈대꽃 휘날리는
강가를 무심히 걷던 어느 날

너를 발견하고
야리야리한 허리에 꽂혀

못 박혀 버린 사람이
네게 붙여줬을 이름, 여인초

■□ 해설

삶과 죽음의 경계에 늘 서 있는 우리들

문정영(시인)

　내가 만나본 조옥엽 시인은 조용한 성품이다. 앞에 나서지 않고, 누구와 잘 섞이지 않은 돌담에 스며드는 봄햇살 같다. 그것은 내면의 세계를 꼭꼭 가두고 살아온 탓인지, 살면서 터득한 자신만의 삶의 방식인지는 모른다. 어쩌면 조옥엽 시인에게 시는 세상과의 대화의 창이며 자신을 들여다보는 거울일 것이다. 시인이 가진 시어나 생각들을 가슴으로 읽다 보면 차분하면서도 자신만의 시선을 잘 가꾸고 있다는 것을 알게 된다. 즉 죽음의 실체를 부정으로만 바라보고 있지 않다. 그의 작품 속 따듯한 서정을 따라가다 보면 시인이 자신의 삶을 잘 가꾸고 살아왔다는 것을 느끼게 된다. 바로 시 속으로 들어가 보자.

수풀 수북한 곳에

누가 던져놓고 갔을까

리본만 남은 꽃다발 하나

무덤인지 풀밭인지 분간이

안 가는 사자의 집

아무리 시간이 흐른다 해도

치유 불가능한 상처처럼

무너져 가는 지붕 위의

피처럼 흐르는 붉은 흙

가버린 마음에 꽃다발 하나

던져놓고 쓰러져 울던 이는

어디로 갔을까

시간이 사람을 지워도

지워지지 않는 마음

삭제할 수 없는 얼굴

가버린 이를 쳐내지 못한

마음은 어디로 가야 하나

머물 곳 찾지 못해 헤매다가

던져놓은 슬픔 한 덩어리가

풀숲에 숨죽인 채 흐느끼고 있다

— 「하얀 리본」 전문

    조옥엽 시인의 시집 첫 작품 「하얀 리본」을 읽어보면 시인의 무의식 속에 주검이란 존재가 얼마나 깊이 각인되어 있는지 짐작할 수 있다. 시인의 삶과 죽음에 대한 사유가 현실과 비현실의 인식 사이에서 정교하게 그려져, 시를 읽는 깊이가 확장된다. 시인은 아마도 누군가의 주검, 즉 "무덤인지 풀밭인지 분간이/ 안 가는 사자의 집" 앞에 서서 주검에 대한 상념이 더 깊어지고, 주인 모를 무덤 앞에서 자신의 죽음을 되돌아보고 있는지도 모른다. 그것은 "시간이 사람을 지워도/ 지워지지 않는 마음"이기도 하고 "삭제할 수 없는 얼굴"이기도 하다. 이는, 망자를 통한 시인의 내면이 드러나는 순간이다. 그리하여 마침내 "슬픔 한 덩어리가/ 풀숲에 숨죽인 채 흐느끼고 있다"라고 말하며, 죽음과 상실에 대한 깊은 통찰력이 섬세하게 드러난다. 또한 화자는 추억을 매개로 변형과 굴절을 통해 무두질한 한 필의 가죽처럼 아름다운 언어로 갈무리하는 능력이 탁월하다.

    휘몰아치는 북풍에 가랑잎이
    새 떼처럼 날아다니는 이월 중순
    언덕바지에 구덩이를 파고 너를 심으려 한다

꽃씨를 심듯이 너를 꾹꾹 눌러 심으려 한다

이제 하나의 사물이 되어버린 너

연필이 되고 지우개가 되어버린 너를

함함한 털 위로 떨어지는 붉은 흙들

연연한 다리를 오그려 넣고

반쯤 뜬 눈을 쓰다듬어 감기고

평소 네가 입었던 옷가지를 덮어준다

춥지 말라고 추워서 감기 들면 안 된다고

금방이라도 소스라치게 놀라 비명을 지르며

뛰쳐나올 것만 같은 너

그러나 지구가 쪼개진다 해도 다시는 볼 수 없을

목소리만 듣고도 내 기분을 알아차리고

초롱초롱한 총기 대변하듯 머루알 같은 눈

데굴데굴 굴리며 내 혼을 사로잡던

강아지란 이름으로 내게 온

너는 이제 세상에 없다

너를 사랑한 나도 이제는 없다

어제는 가고 영원히 계속되는

오늘이 있을 뿐이니까

네가 없는 세상에 내가 이렇게 숨 쉬고 있다는

사실이 믿어지지 않지만 나 또한

언젠가는 너처럼 굳어져 땅속에 묻힐 것이다

- 「꽃씨를 심듯이」 전문

조옥엽 시인은 「꽃씨를 심듯이」에서 또 하나의 주검을 맞이한다. 시인의 시선은 동물과 자연, 시인과 가까운 대상들을 자세하게 관찰하여 의미망을 구체적으로 이미지화한다. 시인이 기르던 반려견에 대한 소중함과 생명 의식에 대한 애정이 느껴지는데, 반려견은 시 속에서 "그녀"라고 지칭된다. 반려견을 의인화는 시인의 속내에서 반려견에 대한 애정을 엿볼 수 있다. 반려견은 종의 한계를 넘어서 서로 믿고 의지하는 가족이다. "목소리만 듣고도 내 기분을 알아차리고/ 초롱초롱한 총기 대변하듯 머루알 같은 눈"을 가졌다고 시인은 고백한다.

하지만 "강아지란 이름으로 내게 온/ 너는 이제 세상에" 없는 존재가 되고 만다. 가족의 상실이다. 시인의 또 다른 시 「실종」에서도 보이듯이, 그녀라고 불리는 반려견의 상실로 그녀는 "방망이질하는 가슴을 억누르며/ 주변을 샅샅이 헤집고" 다니면서 가족을 찾고 그리워하고 있다. 평소 시인을 힘들게 한다고 생각했던 "그녀만이 가장 그립고 보고 싶고/ 절대적으로 필요한 사람이 되어버린" '반려견'의 상실로 인해 겹겹이 쌓인 편안한 감정이 속수무책으로 무너지고 만다. 그리움이란 감정은 사람에게 국한된 것이 아니라 동물에게도 적용된다는 것을 시로 엿볼 수 있다. 일인 가구가 늘어나고 반려견의 존재감이 더욱 커지고 있는 요즈음, 시인의 반려견에 대한 애정 어린 작품은, 화자의 슬픔을 치유함과 동시에 독자들의 공감을 불러일으키는데 크게 기여한다. 또한 반려견의 죽음을 받아들이는 시인의 상실감과 슬픔을 읽을 수 있다.

시인의 또 다른 작품, 「급습」이란 시에서도 "숨소리가 급박하게 허공을 찢더니/ 헌 끄나풀인 양 툭 끊어지고" 마는 반려견의 마지막이 서사적 기법으로 상세하게 진술되어 있다. 시인의 반려견에 대한 무한한 사랑을 미루어 짐작할 수 있는 대목이다.

> 봄이 오는 산자락에 옷 벗은 옻나무들이 서 있다
> 무슨 죄짓고 벌 받는 사람들처럼
> 비탈길에 실긋실긋 기울어진 채 버티고 있다
> 옹색한 그 가지에 비누갑처럼 작고 어설픈
> 비가 오면 줄줄 새버릴
> 바람 불면 통째로 획, 날아가 버릴 듯한

위태로운 집 하나 걸려 있다

저도 머리를 쓰느라 썼는지 노란 리본을

가지에 동여매 단단히 고정해 놓았으나

불안해 보이기는 마찬가지

그런데 겨울을 났구나

무사히 추위와 바람을 피해 살아남았구나

꽃송이보다 더 가벼운 집을 카메라에 담는다

가슴에 꾹꾹 눌러 심는다

어떤 풍경은 아름다워서 어떤 정경은

애처로워서 우리의 발길을 붙잡는다

얼마나 작은 새가 저토록 가볍고 작은 집에

몸을 부리고 한겨울을 났을지

얼마나 작은 알들이 그 속에서

오돌오돌 떨며 봄이 오기를 기다렸을지

- 「작은 집」 부분

  조옥엽 시인의 생명 의식에 대한 애정은 비단 반려견뿐만 아니라 다른 동물에서도 엿볼 수 있다. 「작은 집」에서 시인은 산길을 지나다가 산자락에 서 있는 옻나무 가지에 "비눗갑처럼 작고 어설픈/ 비가 오면 줄줄 새버릴/ 바람 불면 통째로 획, 날아가 버릴 듯한" 새집 하나를 발견한 모양인데 그 작은 새집이 시인에게는 위태롭게 보였던 것이다. 누군가 노란 리본으로 그 새집이 떨어지지 않게 묶어 두었으나 불안해 보이기는 마찬가지. 시인은 이 모습을 사진으로 찍어 마음에 꾹꾹 눌러 담는다. 그러면서도 시인은 새들이 한겨울을 나는 일에 대해, 애처로운 마음을 쉽게 놓지 못한다. 시인의 생명 사랑에 대한 페이소스들이 곳곳에 녹아 있다.

    지나간 날은 죽지 않아
    아마도 죽을 수가 없나 봐

    고향집에 오 남매가 모인 겨울밤
    호주머니에서 줄줄 삐져나오는 엄마의 이야기보따리를 따라간다

    아버지 여자가 집에 다녀간 뒤
    엄마는 나와 동생을 데리고
    울며불며 저수지를 찾아갔는데

    죽을 수밖에 없다고

죽음을 찾아갔는데

출렁이는 시퍼런 지옥으로 어린것들을 밀어 넣자니
눈물 콧물 주렁주렁 매달고
공포에 질려 바들바들 떠는 어린것들이
불쌍해 너무나 불쌍해

울면서 돌아올 수밖에 없었다는 옛이야기를 들으며
엄마는 어제 일인 듯 다시 눈물을 쏟고
가만히 앉아 귀 기울이던 아버지는 당신도 뭣 했던지
말없이 뜨거워진 눈시울을 돌리고

그날 죽지 않고 살아난 우리는 벌써
60년을 살고 지고

겨울밤은 무신 날보다 더 고요히 고요히 깊어만 가고
- 「지나간 날의 서사」 전문

    조옥엽 시인의 죽음에 대한 감정은 추억에도 적용되는데 「지나간 날의 서사」를 읽어보면 '기억의 주검'에 대한 시인의 마음이 드러난다. 시인은 지나간 날은 죽지 않는다고 토로한다. 시인의 아버지는 오래전 시인의 어머니를 두고 시앗을 보았던 모양이다. 하여 시인의 어머니는 "나와 동생을 데리고/ 울며불며 저수지를 찾아갔는데" 차마 저수지에 어린것들을 밀어 넣지 못하고 "울면서 돌아올 수밖에 없었다는 옛이야기를 들으며" 시인의 어머니도 시인도, 죽음에 대한 강렬한 의식이 자리 잡은 것 같다. 충격적이고 강렬했던 기억은 죽을 수가 없는 모양이다. 어떤 기억은 죽을 때까지 되살아나기도 하여서 기억의 수명은 시인의 머릿속에서 영생으로 자리를 잡고 있다. 기억은 죽지 않는다는 시인의 역설이 큰 울림으로 다가오는 작품이다.

시인의 기억에 대한 발견은 「백발백중 문제집」에서도 엿볼 수 있는데, 시인은 "소중한 것은 우리들의 가슴에/ 찰싹, 달라붙어" 있다고 말한다. 그것이 하루하루를 살게 하는 힘이 된다고 강조한다. 또한 "나만의 방"에서 보이듯이 "고요와 적막과 평화가 공존하는 방"이 존재한다고 말한다. 시인은 "간간이 나를 불러들이는/ 비밀스러운 방, 툇마루"를 통해 기억을 끊임없이 되살려낸다.

시인의 기억은 「집 한 채」에서도 엿볼 수 있다. 그 집은 시인의 믿음이 살고 있는 기억의 집이다. "마당 한번 쓴 적 없고/ 창문 한

번 닦은 적 없지만 / 지금도 새집 같은" 그 기억의 집은 아직도 시인의 머릿속에 남아 영원히 살고 있다.

    갓난쟁이에 세 살 네 살

    어린 것들을 남기고 남편이 떠나버린 뒤 어미인 나를 도와 집안의 생계를 도맡아 온 큰딸이 언제부턴가 야근이에요 특근이에요 둘러대며 한밤중에 돼서야 돌아오는 걸 미심쩍어하면서도 믿자 믿어주자며 넘어가기 일쑤이던 어느 날

    택시를 탔는데

    뒷모습이 낯익어 어디선가 많이 본듯해 꽂혀 있다가 세상엔 닮은 사람이 더러더러 있느니, 어쩜 우리 큰 딸을 저리도 닮았을꼬 혼자 중얼거리다가 말다가

    목적지에 도착

    뒷좌석을 돌아다본 기사 얼굴, 모자로 마스크로 가렸으나 보이는 얼굴 숨겨지지 않은 숨길 수 없는 얼굴 아니 너, 너였구나,

내 딸이었구나

울컥 뜨거워지는 심장 녹아내리는 애간장

딸아, 딸아 내 딸아! 사랑하는 내 딸아

뜨거운 눈물 연달아 떨어지는 손을 거머쥐고 딸아, 딸아 내 딸아, 엄마, 엄마 우리 엄마 둘이 하나 되어 말을 잇지 못하고

말을 잇지 못하고

― 「딸아, 딸아 내 딸아」 전문

   시인의 생활고에 대한 회고는 「딸아, 딸아 내 딸아」에서 정점을 이루는데, "큰딸이 언제부턴가 야근이에요, 특근이에요, 둘러대며 한밤중에 돼서야 돌아오는" 이유를 택시를 타고서야 깨닫게 된다. 택시 기사가 딸이었던 것이다. 딸은 가족의 생계를 책임지기 위해 몰래 택시 기사 일을 하였던 모양이다. "마스크로 가렸으나 보이는 얼굴 숨겨지지 않은 숨길 수 없는 얼굴"은 다름 아닌 바로 딸이었으니 "시인은 차마 말을 잇지 못하고" 있는 것이다. 딸이 어느새 자라 가장의 역할을 하는 모습에 시인은 가슴이 멘다.

누구의 딸인지는 중요하지 않다. 그 현실이 아프게 다가온다.

   가장의 노고에 관심이 많은 시인의 시선은 「두 사람」이란 시에서 노인을 이끌고 가는 강아지에게서도 엿볼 수 있다. "빗물 번들거리는 보도블록에/ 앞장선 강아지를 따라/ 노인이 절뚝거리며 뒤를 따르고" 가고 있는 모습이 세상 그 어떤 꽃보다 아름답다고 표현하고 있다. 시인의 생명 의식과 반려동물에 의지하며 살아가는 외로운 현대의 시적 에스프리를 여실하게 보여준다.

     갓난쟁이에 세 살 네 살 난 아이들을 두고

   네가 가버린 날, 난 이제 어디로 가나 어디로 가야 하나 미쳐가고 있는데 어린 것들 배고프다고 매달리다가

     엉엉 엉엉

   빈 쌀통 득득 긁어다가 밥을 안치는데 밥솥으로 눈물이 후드득후드득

     눈물 밥을 먹이며

눈물 밥을 먹으며

　　난 아무 생각도 안 났어

　　다만 한 가지 저 어린 것들 데리고 어디로 가나 어디로 가야
　하나 오직 그것 하나만 생각했지

　　해가 죽어버린 그날
　　달도 죽어버린 그날
- 「그날」 부분

　시인의 자의식 속에 담긴 주검의 절정은 아마도 남편이 아닐까 싶다. 「그날」이라는 시에서 시인은 갓난쟁이를 두고 남편이 죽었던, 그날의 슬픔을 "해가 죽어버린 그날/ 달도 죽어버린 그날"이라고 표현하고 있다. 가장의 죽음이 얼마나 큰 슬픔이면 해와 달도 다 죽어버렸을까. 그것은 온 우주가 사멸하는 고통이었으리라.

　　물감을 가지고 놀던
　　아이가 떠난 자리에

검은 종이 한 장만 덩그러니 남아 있다

밤처럼 캄캄해진 종이를 들여다본다

맹수의 목구멍 같기도 하고

까마귀가 떨어뜨리고 간

부고장 같기도 한 검정

검정은 속을 보여주지 않는다

도대체 무슨 생각하는지 알 수가 없다

죽음의 상징물이 된 지도 오래

그리하여 사람이 세상을 떠나면

으레 우리는 검정을 입는다

더 이상 가미할 색이 없는

처음이 아닌 끝을 가리키는 색, 검정

그리고 보면 모든 생명체는

갖가지 화려한 색의 옷을 입고 왔다가

종래에는 검은 옷 한 벌을 걸치고

땅으로 되돌아가도록 정해진 것일까

모든 색은 검정으로 종결된다는 걸

증명하듯 아이가 남겨놓고 간 종이 한 장

기나긴 생의 갖가지 희로애락을

한데 버무려 놓은 듯한 검정이

이 저녁, 날 움켜잡고 있다

- 「검정」 전문

　조옥엽 시인의 죽음에 대한 의식은 「검정」에서도 드러난다. "부고장 같기도 한 검정"은 그녀에게 검정이기도 하지만 죽음이기도 하다. 하지만 그 검정은 속을 알 수 없고 검정은 속을 보여주지 않는다. 마치 우리의 죽음이 언제 닥쳐올지 알 수 없는 것처럼 말이다. 하지만 시인은 강렬한 메타포로 역설한다. "모든 색은 검정으로 종결된다"라고 말이다. 검정을 바라보면서 시인은 깊은 사유 속으로 빠져든다. 하여 시인은 "기나긴 생의 갖가지 희로애락을/ 한데 버무려 놓은 듯한 검정이 이 저녁, 날 움켜잡고 있"는 것이다.

　사별이 주는 고통을 시인은 「완성된 슬픔」에서 늙으신 어머니를 통해서 이야기한다. 늙으신 어머니는 세 아들을 먼저 잃은 슬픔을 "봉싯봉싯 봉시르르/ 방싯방싯 방시르르/ 산마루 갸름갸름한 초승달처럼" 웃으시면서 마주한 것이다. 얼마나 슬픔이 깊어지면 이렇게 넋을 놓고 웃으실까. 다소 그로테스크하게 느껴지는 어머니의 웃음을 통해서 시인은 완성된 슬픔을 본다.

그런 어머니가 요양원에 들어간 것일까. 「요양원」이라는 시에서 그녀는 "깍지 낀 손가락에 힘을 더할 뿐/ 태양은 달과 별을 데리고 떠나버렸"다고 고백한다. 간혹 바람만 그녀의 안부를 물을 뿐이다 "체념인지 달관인지 표정이/ 실종돼 버린 부서진 배 한 척"으로 남아 주검을 대기하고 있는 모습을 덤덤하게 표현한다. 한 주검 앞에 또 한 죽음이 대기하고 있는 것이다. 하지만 시인은 「징검다리」라는 시에서 죽음에 대해 이렇게 말한다. "우리 이 징검다리를 잘 건너보자고/ 여태 잘 건너오지 않았느냐고" 스스로 위안한다.

> 어디서 누가 데려왔을까
> 빨강과 하양을 잘 풀어 섞어놓은 듯
> 다가가는 발길 내치는 법이 없을 듯
> 다소곳하고 고요한 색, 분홍
> 빨강이 모체라고도 할 수 있겠지만
> 빨강과는 매우 다르다
> 직설적이고 도전적인 빨강은
> 처음 보는 이에게도 덥석 손을 내민다
> 펄펄 끓어 마주하는 순간 단숨에 빠져들어
> 헤어 나오기 어려운 색이 빨강이라면

분홍은 정반대, 사람을 압도하기보다는

알게 모르게 서서히 스며들어 어루만진다

음성으로 치자면 들릴 듯 말 듯 가느다란

고요를 서너 컵이나 들이켠 듯 차분한 심지가

은근히 매력을 발산하는

봐줘도 그만 외면해도 그만이라는 듯

초연함을 품은 그러나 한번 빠져들면

헤어 나오기 힘든 마약 같은

젊은 날의 사랑이 빨강이라면

노년의 사랑은 아마도 분홍일 것이다

좋아한다는 말 한마디 건넨 적 없고

들어본 적도 없지만 언제나 느껴지는

은은한 사랑을 대변하는 색

분홍을 매달고 백일홍이 올해도 어김없이 찾아왔다

- 「분홍」 전문

  조옥엽 시인은 세상과의 연결을 봄의 상징인 「분홍」에서 찾고 있다. "단숨에 빠져들어/ 헤어 나오기 어려운 색이 빨강이라면" 분홍은 "알게 모르게 서서히 스며들어 어루만진다"라고 한다. 시인의 이런 분홍에 대한 시인의 시각은 어쩌면 시인의 철학에서 베여 나온 독특하고 아름다운 빛깔일 것이다. 젊은 날을 지나온 화자는 이렇게 회고한다 "마약 같은/ 젊은 날의 사랑이 빨강이라면/ 노년의 사랑은 아마도 분홍일 것"이라고 말이다. 정열적인 빨강에서 살짝 비켜난 색을 어쩌면 이렇게도 삶의 세계에 잘 비유했을까. 시인의 세심한 관찰력이 상상력으로 증폭하는 작품이다. 그리하여 분홍은 은은한 사랑을 대변하는 것이라고 시인은 표현한다.

  근래 시들이 다시 서정으로 회귀하고 있고, 명징하면서도 감동을 주는 시편들이 인정받고 있다. 그런 맥락에서 보면 조옥엽 시인의 시편들은 따뜻한 감동을 준다. 죽음을 이야기하고 있지만 단지 슬픔만을 말하고 있지 않다. 현실이 고통으로 가득하다면 시를 쓰기 힘들다. 그 고통을 내 것으로 끌어안고, 승화했을 때 깊이가 생기고 감동을 줄 수 있다. "정지된 듯한// 흐름 속에 놓여 있는// 무수한 생명들// 영원히 머물 수 없기에// 아름답고 슬픈// 그리하여 우리의 이야기는 계속되리니"(시인의 말) 이 문장보다 더 명징하게 시인의 감정을 터뜨려줄 수 없을 것 같다. 삶과 죽음의 경계에 늘 서 있는 우리들에게 이 시집은 꼭 들려주고 싶은 것이 있다고 말하는 것 같다. 한 편 한 편 읽으며 고통을 조금은 내려놓을 수 있는 독자가 있을 것이다.